(Conserver la couverture)

FRAGMENTS DE VOYAGE,

AUX

Eaux d'Aix et quelques lieux voisins,

PAR

Un Rimeur Fantaisiste.

CHALON-SUR-SAÔNE,
IMPRIMERIE DE MONTALAN.
1864.

FRAGMENTS de VOYAGE,
Aux eaux d'Aix et quelques lieux voisins,

PAR UN

RIMEUR FANTAISISTE.

Mêlez le grave au doux, le plaisant au sévère.
BOILEAU.

Chose promise est due, il faut sur tous les tons,
Chanter et *pratiquer* ce roi des vieux dictons.
J'ai promis des croquis et pour payer ma dette
La plume est mon pinceau, je charge ma palette.

PREMIER FRAGMENT.

Aix-les-Bains. -- Juillet 1864.

LA DOUCHE ET LE SALON.

A madame Ch..... S....

Séjour favorisé de la déesse Hygie,
Je voudrais aujourd'hui peindre ton effigie
Quand ta source féconde, apaisant la douleur,
Verse une onde lustrale à plus d'un vieux pécheur.
Commençons par le temple où d'une main docile
Le masseur vous pétrit comme une molle argile,
Et d'un muscle rebelle attaquant la roideur
Promet de transformer un podagre... en coureur.
Ne vous effrayez pas de la douche bruyante
Que vomit sur vos chairs une bouche brûlante :
C'est Vidal qui contraint les esprits infernaux
A vous la préparer dans leurs sombres fourneaux.
Grand prêtre de céans, son pouvoir est magique,

Son œil médîcinal vous suit sous le portique,
Dans le sacré parvis on marche par sa voix ;
Il a l'oreille à tout ; ses gestes sont des lois.
Eh bien ! vous allez mieux ? dit-il à l'invalide.
Hélas, non, cher docteur, mon pied est moins so-
[lide,
La douleur est plus vive.—Eh bien, morbleu tant
[mieux,
C'est que la douche agit ; c'est un début heureux.
Dans quelques jours d'ici vous m'en direz nouvelles ;
Allez boire à Marlioz, rêvez sous les tonnelles,
Et bientôt le pied leste et le regard altier,
Vous gravirez du *Chat* le plus rude sentier.
Merci, brave docteur, vous me rendez ingambe,
Et le boiteux s'en va plus ferme sur sa jambe.
Mais tout n'est pas perclus dans ce riant séjour.
Allez au Casino quand a fini le jour,
Dans de brillants salons une foule s'agite :
Des pieds que le plaisir plus que l'orchestre excite
Vont rasant le parquet et des bras caressants
S'appuient sur les danseurs de désirs frémissants.
Quel beau temps de la vie ! Heureuse la jeunesse
Dont nul rêve inquiet ne vient troubler l'ivresse
Et qui ne connaît pas dans son joyeux chemin
Regrets des jours passés, soucis du lendemain !
Mais une beauté vient avec un port de reine
Prendre place au milieu de la brillante arène.
Son teint nous éblouit, son galbe est merveilleux ;
Son œil du diamant semble emprunter les feux ;
La perle d'Orient, mêlée à ses torsades
Retombe sur son col en nombreuses cascades.
Son regard assuré se promène en vainqueur.
Un sourire enivrant fait battre plus d'un cœur,

Et sur les flots pressés de gaze et de dentelle
Un sein majestueux de splendeur étincelle.
Princesse par le sang, le choix et la beauté,
Tout en elle respire amour et volupté.
Turin nous l'a donnée et l'océan l'appelle.
Puisse-t-elle y puiser une fraicheur nouvelle,
Et derrière son char voir de nouveaux amours
Remplacer ceux qui fuient et passent tous les jours !
Mais une autre beauté plus tendre et moins altière
Nous attire à son tour ; sa mobile paupière
Voile un rayon suave échappé de ses yeux.
Sa bouche modelée en contours gracieux
Nous révèle des sons d'une fraicheur divine.
Sa taille souple et riche avec effort s'incline
Sur un pied douloureux. Un fatal accident
Pour quelque temps encore, rend son pas chancelant;
Son sourire est bien doux et chacun porte envie
Au bras qui fit défaut pour appuyer sa vie.
Son nom est gracieux, je ne le dirai pas,
Mais la riche Bourgogne a vu ses premiers pas.
La saison va finir pour l'aimable invalide ;
Demain dans le salon sa place sera vide,
Et plus d'un soupirant, en portant son regard
Au banc qu'elle a quitté, va gémir à l'écart.
Bien de nouveaux attraits pourtant vont remplacer
Les attraits qu'à nos yeux le temps vient effacer.
Chaque jour en produit et maintes fleurs nouvelles
En ce jardin d amour, se succèdent entre elles.
Répandant les tresors que leur donna le ciel
La rose a son éclat, la fleur des champs son miel.

DEUXIEME FRAGMENT

Aix-les-Bains (Suite).

Le Lac et l'Abbaye. — La Gloire usurpée. — Les environs d'Aix.

A Monsieur L..... de St-M.....

A peindre la beauté j'épuiserais ma verve,
Cherchons d'autres sujets; des coteaux de Tresserve,
Au lac de Châtillon quels magiques tableaux !
Que le ciel est brillant, réflété dans ces eaux !
Dirai-je les chalets, les sentiers, les ombrages
Et les âpres rochers qui dominent les plages
Géants des jours anciens, qui, rongés par le temps
Semblent porter encor le défi des titans ?
Mais j'arrive à ce lac chanté par Lamartine,
Et sur son onde bleue une voile s'incline.
A moi la voile ! à moi le bras du nautonnier !
Cherchons un rêve encor, peut-être le dernier.
Bercé par le flot pur je chemine en silence,
De la rame tombant le bruit et la cadence
Troublent seuls ma pensée allant vers les absents,
Et je laisse ma barque errer dans tous les sens.
Mais bientôt près de moi je vois la basilique
Où des rois savoisiens gît la noble relique.
J'aime peu le tombeau de ces preux chevaliers,
Temple colifichet pour de rudes guerriers.
J'en excepte pourtant certains groupes austères
Où le marbre se plie à de grands caractères;
Une œuvre d'Alberti frappe surtout les yeux.
C'est la reine Christine aidant un malheureux.
Une barque abordait à la célèbre plage

Menant des passagers au saint pèlerinage.
Je me joins à leur troupe et j'entre dans la nef
Où des moines rasés nous attendait le chef,
Suivi de ses profès en longs habits de laine.
Pourquoi donc ces honneurs? quel vent nous les
[amène?
Je m'écarte un instant du groupe observateur
Et je vais m'adresser au bon moine conteur
Qui restait en arrière; il me dit pour réplique :
Monsieur est compagnon du vainqueur du Mexique?
— En quoi donc le Mexique a-t-il affaire ici?
— Mais c'est le Maréchal! Devant nous le voici.
L'incognito sans doute est dans votre consigne,
Dit le moine à mi-voix, mais vous paraissez digne
D'être l'aide-de-camp d'un illustre guerrier
Et Puebla vous a vu cueillir plus d'un laurier.
Nous aimons les lauriers, tout moines que nous
[sommes,
Et c'est notre métier d'honorer les grands hommes.
— Ah ! je suis en bataille un rude compagnon?
Merci, bon Récolet, de cette opinion.
Je me rapproche alors de ce foudre de guerre.
Qui du vieux Montezume a reconquis la terre.
Après s'être montré devant Montebello
Le digne chef des fils de Wagram et d'Eylau.
J'aime ces traits bronzés par le ciel du Mexique;
Avec de tels guerriers modelés sur l'antique
La France des combats peut affronter le sort
Et voir avec pitié les menaces du Nord.
Je suis vraiment tout fier d'être cru son élève,
Mon front usurpateur même un peu s'en élève,
Et me voilà tenté de prendre au sérieux
La foi du récolet dans mon air belliqueux.

Hélas ! triste retour de gloire mensongère !
Le grand homme avait fait l'école buissonnière,
Et peut-être à Marlioz il prenait ses ébats
Alors que l'attendaient les bons moines oblats.
Le héros prétendu n'était qu'un *bon notaire*,
Moi, *son aide-de-camp !* la chute était sévère,
Et tout desappointé je dis d'un triste ton :
Un maréchal doit-il marcher sans son bâton ?
Je reviens à ces bords, de splendeur infinie
Où mon luth a cherché des échos d'harmonie.
C'est le bois Lamartine au sentier périlleux,
Une vierge y tomba, fuyant d'indignes feux.
La pierre de Grézy sur une onde fatale
Porte le souvenir d'une amitié royale.
Au loin c'est le Bourget ; ici bravant l'écueil
Le château de Bon-Port se montre avec orgueil.
Puis, le soir arrivant, on peut sans maléfice
Voir le chalet du diable et son feu d'artifice.
N'oublions pas Marlioz et ses jardins ombreux,
Où la santé jaillit du volcan sulfureux.
On dit qu'un dieu malin, qui souvent règne en
[maître
Parfois sous son feuillage en tapinois pénètre,
Et qu'au salon lui-même on l'a vu se glissant :
Pour vous en assurer l'omnibus vous attend.

TROISIÈME FRAGMENT.

Chambéry, les Charmettes et La Motte.

A madame G......

Parmi les jours heureux passés sur ce rivage,
Je ne puis oublier certain pélerinage.
Par un jour tempéré du soleil de juillet,
Nous nous acheminons au pied du Nivolet.
Chambéry nous reçoit ; la vieille métropole
Semble dormir un peu sous la lourde coupole.
Cherchons les monuments ; un cicerone enfant
Nous montre la fontaine au quadruple éléphant.
Un bienfaiteur illustre apparaît sur leur tête ;
Boigne aurait mérité sans doute un autre faîte.
Pour trouver dans les arts quelque célébrité
Montons à l'atelier créé pour la beauté
Donnant ce fin tissu qui d'air semble une bulle
Ou bien l'aile d'azur de quelque Libellule.
Nous emportons des plis du réseau vaporeux,
Et rentrerons au gite en faisant des heureux.
Mais quel est ce sentier plein de lumière et d'ombre?
Au sommet du coteau s'élève une grande ombre.
C'est Rousseau, constamment par le siècle agité,
Et qui s'est égaré, cherchant la vérité.
Les jugements humains sont une triste chose.
Ici, le Pilori, plus loin l'apothéose !
Tel est le résumé que présente aux regards
Le registre du lieu, sali de maints brocards.
Le génie est sacré, même en sa défaillance
Zoïles inconnus dont l'ignoble insolence.
A même redouté qu'au banal écriteau,

Votre nom conspué se lise *ab irato*.
La mort fut de tout temps l'asile de la gloire,
A dit un grand poète ; honneur à ta mémoire
Ami de la nature et de la vérité !
Honte à qui vient souiller ton immortalité !
Nous quittons tout émus la chaumière fameuse,
Et nous portons nos pas vers cette rive heureuse
Où s'élève un manoir justement respecté :
C'est La Motte, séjour d'honneur et de bonté.
Une famille illustre a, parmi ces collines
Ainsi qu'un chêne immense, étendu ses racines
Et son nom glorieux aux siècles précédents,
Se porte noble et fier parmi les descendants.
Dans l'antique demeure avec goût embellie
La science profonde habilement se lie
Aux chefs-d'œuvre de l'art et l'on retrouve ici
Le précepte d'Horace et l'*Utile Dulci*.
D'un accueil bienveillant la mémoire est saisie
En ces lieux l'homme utile a droit de bourgeoisie.
Mais déjà l'heure avance et sonne à la cité,
Nous approchons du gîte avec sérénité,
Suivant d'étroits chemins, traversant des chau-
[mières
Où les antiques mœurs se retrouvent entières.
D'aimables compagnons charment notre chemin.
Nous descendons joyeux, nous disant : à demain,
Et portant aux absents ce reflet des poètes,
Des souvenirs amis et la fleur des Charmettes.

QUATRIEME FRAGMENT.

Aix. — La Dent du Chat.

A Monsieur A. C......

En un jour de folie et de joyeux ébat
Nous allons affronter l'illustre Dent du Chat.
Pour arriver au pied de cette noble cîme,
Il faut d'abord du lac avoir franchi l'abîme.
Puis, suivant la corniche aux multiples détours
Du castel de Bordeau nous dominons les tours.
Juchés sur nos coursiers aux immenses oreilles,
Du splendide horizon nous goûtons les merveilles.
Enfin nous arrivons au pied du pic altier
Dont le crâne chenu semble nous défier.
Quatre bons compagnons aux flancs de la Montagne
S'élancent pleins d'ardeur ; que Dieu les accom-
[pagne!
Mais bientôt une voix aux lugubres accents
De douleur et d'effroi vient glacer tous nos sens.
Au secours! au secours! c'est la branche qui cède.
S'il en est temps encore, accourez à mon aide.
Mon Dieu, tout est fini ! je me cramponne en vain,
Et je roule brisé dans le fond du ravin !
Si je dois expirer dans ces gouffres funestes
Hélas! chers compagnons, sauvez du moins mes
[restes.
Un cri de désespoir vient terminer ces mots.
C'est la voix du docteur, allons chercher ses os !
On part en gémissant, le cœur triste et l'œil morne.

On s'arrête un instant au pied du premier morne,
On appelle, on écoute et l'écho seul répond.
Mais que voit-on sortir de l'abîme profond ?
C'est le docteur mourant appuyé sur son guide.
Sauvé ! sauvé ! mon Dieu ! dit une voix timide.
Nous revient-il complet ? s'écrie une autre voix.
Autour du cher blessé tout s'empresse à la fois,
Mais le docteur s'échappe avec une gambade,
Et pour se raffermir se verse ample rasade.
Ah ! vous avez joué ma sensibilité ;
Vous en serez puni, vous l'avez mérité,
Lui dit d'un ton piqué notre vive comtesse ;
Plus ne mettrai pour vous mon cœur à la détresse.
Mais du sommet du pic arrivent trois héros.
Entonnons à leur gloire et Champagne et bravos !
Enfin, pour terminer ce jour aux aventures
Nous enfourchons gaîment nos rétives montures,
Et de souper au lac on forme le projet :
On chevauche, on culbute, on arrive au Bourget.
De joyeux pèlerins s'y rendaient à leur tour.
On rit, on chante, on boit, mais voici le retour !
Nous traversons le lac en ces heures funèbres
Où l'on voit le fantôme errer dans les ténèbres.
L'éclair sillonne au loin le sombre firmament,
La rafale mugit dans le flot écumant ;
On croit ouïr des voix dont l'âme est alarmée ;
Dans le fond du bateau la comtesse est pâmée.
Courbés sur l'aviron dans un suprême effort,
Nos rameurs sans fanal interrogent le port.
Enfin, de tant d'horreurs, effroyable symbole,
Notre docteur lui-même a perdu la parole !!!
Terre ! terre ! a crié la voix des matelots.
Nous voici, lac terrible, échappés à tes flots !

L'omnibus attardé nous ramène à la couche ;
—Sommeil réparateur, suis-nous jusqu'à la douche!

CINQUIÈME FRAGMENT.

Le Tunnel des Alpes.

A Monsieur N......L......

Deux grands travaux de l'art tiennent les yeux
[ouverts
En un siècle fécond : le canal des déserts
Et le tunnel alpestre ; allons voir le génie
Exerçant en tous lieux sa puissance infinie,
S'attaquer à ces monts dont les sommets altiers
De la belle Ausonie ont fermé les sentiers.
Nous visitons d'abord ces usines profondes
Où de l'air comprimé se concentrent les ondes,
Pour aller raffraîchir ces ardents bataillons
Qui du sol de granit entrouvrent les sillons.
L'air gémit sous le poids d'un sextuple atmosphère.
Avant de lui donner sa liberté première
On l'oblige à porter en docile instrument
La vie aux travailleurs, la blessure au géant.
Par un rude escalier nous arrivons à l'arche
Où de l'abîme ouvert gît la première marche.
Une lampe fumeuse est notre seul fanal ;
On hésite en entrant sous l'orbite infernal ;
Le torrent gronde au pied, la neige est sur les faîtes ;
Nous portons, comme Atlas, les Alpes sur nos têtes.
Il nous faudrait peut-être, abandonnant le ciel,
Et la lyre d'Orphée et son gâteau de miel,
Mais Cerbère est absent ; des larves et des gnômes
Nous croyons seulement voir surgir les fantômes ;
Là, plus d'un cœur faillit ; plus d'un pas incertain
S'arrête en approchant du but encor lointain,

Mais dans les profondeurs de l'Alpe souterraine
L'élan de l'inconnu, vrai torrent, nous entraîne.
Soudain s'élance une ombre à l'aspect irrité,
C'est le vieux Montcenis par les gnômes porté :
Quoi, vous venez, dit-il, des rives de la Seine
Contempler ma blessure, insulter à ma peine ?
Annibal et César dans leurs pas de géants
Ont dominé ces monts et ces gouffres béants.
Bonaparte, plus tard a, dans ces gorges saintes,
Des serres de son aigle incrusté les empreintes ;
Enfin, j'ai vu l'aiglon qu'un coup d'aile emporta,
Digne de son aïeul, aux champs de Magenta.
J'avais de ces affronts vidé la coupe amère,
Me croyant à l'abri d'une injure dernière.
Mes flancs étaient intacts et mon cœur irrité
Se consolait encor dans leur virginité.
Mais voilà que mes rocs, sous la dent meurtrière
De l'instrument d'acier s'écroulent en poussière !
Mon quartz et mon granit succombent tour à tour,
Et mes flancs déchirés vont être mis à jour !
Tout obstacle est franchi ; dans ce hardi chemin
Les peuples séparés se donneront la main ;
Ils poursuivront le but sans que leur ardeur tombe ;
L'homme aura tout dompté.. tout, excepté la tombe !
Mais la tombe à son tour lavera mes affronts,
Et mon granit vengé pèsera sur vos fronts !
Le fantôme à ces mots disparaît dans la voûte,
Nous poursuivons pensifs, notre pénible route.
Quelques blocs de granit suspendus au hasard
Semblent anticiper l'oracle du vieillard.
Mais quel bruit retentit dans cet affreux dédale ?
De cris, de sifflements, quelle horrible rafale !
Un monstre au pied du roc le perce de cent dards.

Dans ses replis mouvants on voit les yeux hagards
Et les membres noircis des enfants de l'abîme
Qui s'acharnent aux flancs de l'illustre victime.
Le roc en vain gémit ; leur implacable main
Dans la profonde plaie introduit le venin.
Bientôt la poudre éclate et l'infernal tonnerre
Des entrailles du mont vient inonder la terre !
Quel siècle est donc le nôtre ? en élans effrénés
Il a laissé bien loin les siècles ses aînés.
La montagne a cédé, le désert se féconde :
Et la foudre soumise a traversé le monde !
Les problèmes secrets partout sont résolus ;
Le génie est divin. Honneur à ses élus !

SIXIÈME FRAGMENT.

Aix.—Les Adieux.

A mes bons compagnons d'Aix.

Vieux amis de vingt jours, le destin nous sépare.
Toujours de ses bienfaits le cruel est avare.
Adieu donc, jeune couple ardent et valeureux
Dont l'aimable moitié charma des jours heureux.
Son pied leste et hardi nous suivait jusqu'aux
[cîmes.
Il est fait pour le ciel et non pour les abîmes.
Et quand nous émergions de ces gouffres de fer,
Nous retrouvions l'Eden en sortant de l'enfer.
Adieu, jeune collègue, espoir de la Charente,
Même devoir nous pousse à rive différente.
Gardons un souvenir à ce brave marin
Qu'on vit sur les écueils le front toujours serein.
Ferme à son banc de quart il brava maint naufragè,
Et Neptune au pied sec, il aime encor l'orage.
Serrons ici le nœud de ces trop courts liens
Vrais enfants du soleil, excellents phocéens.
Ah ! j'allais oublier ce conteur délectable
Qui nous désopilait aux monts comme à la table.
Pour réparer mes torts il faut plus d'un refrain,
Et si notre docteur vient à faire une fin,
Abandonnant Pégase et sa banale croupe
De Pomard et d'Aï je remplirai ma coupe,
Et pour son doux hymen, vieux rimeur, je promets
Une riche complainte en quatre-vingts couplets.

Mais des joyeux élans il faut tarir la source.
Ainsi passe la vie en sa rapide course!
Vers des pôles divers le destin nous conduit.
Et du fatal départ, dès demain, le jour luit.
Comme au vieil Ashvérus l'ange nous a dit : Marche!
De l'échelle du temps descendons une marche ;
Aujourd'hui le franc rire et les soucis demain,
Disons-nous à revoir en nous serrant la main !

SEPTIÈME FRAGMENT.

Genève et son Lac.

A. X.....

J'aborde cette ville et ces rives splendides
Où le Rhône s'échappe en flots toujours limpides.
Genève a ses beaux quais, ses monuments, ses ponts;
Elle a le roi des lacs; le souverain des monts
Qui domine l'Europe orne sa perspective.
Genève a des beaux-arts la flamme toujours vive,
Elle a ses souvenirs, ses héros, sa grandeur.
Ses remparts ont cédé, mais jamais son ardeur,
Et des noms illustrés brillent dans son histoire.
De ses aspects divers pour rechercher la gloire
Le temps me fait défaut, et pèlerin d'un jour,
Je veux au moins du lac avoir suivi le tour.
Versoix, Coppet, Nyon, Rolle, Morges, Lauzanne
Se montrent tour à tour devant notre tartanne.
De l'antique Jura les sommets édentés,
Encadrent l'horizon de pics accidentés.
Quel magique tableau ! quelle rive animée !
Le flot semble apporter une brise embaumée.
Pourquoi donc être seul au milieu des splendeurs
Dont la nature et l'homme ont paré ces hauteurs ?
Suis-je donc, en effet, isolé dans la vie ?
A ces couples heureux faut-il porter envie ?
C'est la mère ou l'épouse, ou l'amante ou la sœur,
Car toute loi d'amour est loi du créateur.
Tout s'unit ici-bas, l'âme recherche une âme,
Sympathique rayon de la céleste flamme,

Et nécessaire au cœur comme l'air aux poumons,
L'étincelle invisible a traversé les monts.
Par ce fil conducteur mon isolement cesse,
Il m'arrive un parfum de joie et de tendresse.
Vevey parait ensuite aux confins de ces eaux.
J'y trouve amis, famille et des aspects nouveaux
C'est la dent du Midi de frimats couronnée,
Les bosquets de Julie où viennent chaque année
Des pèlerins du Nord s'échauffer de saint Preux.
Voici le Rhône au lac, Villeneuve et Montreux.
Enfin du noir Chillon le donjon séculaire.
Le pied de Bonivard ici creusa la pierre.
Là, Byron, préludant à l'immortalité,
S'inspirant du cachot, chanta la liberté.
Avec de vifs regrets on voit fuir ce rivage,
Mais il faut, poursuivant un rapide voyage,
Chercher au pied des rocs, ces beaux nids d'Alcyon,
Saint Gingolph, Meillerie, Evian et Thonon.
Fanal de nos héros, sur cette noble grève,
La flamme aux trois couleurs avec orgueil s'élève.
Dans ce vaste horizon nous reprenons accès
Et le tiers du beau lac est devenu français.

HUITIÈME FRAGMENT.

Châtel et Fribourg.

A Monsieur B. F....

Au sein de l'Helvétie, au pied du Molaison
S'élève une charmante et cordiale maison.
La franchise y fleurit, l'hospitalité brille.
On se connaît d'hier, on est de la famille.
Montons par un beau soir aux coteaux parfumés
Où le lait se transforme en tourteaux comprimés.
A cent cols mugissants la cloche suspendue
Forme un concert mouvant jusqu'à la cîme ardue.
A l'appel de son nom la génisse répond
Et pour une caresse apporte son beau front.
Voici venir à nous Damette la mignonne.
Donnons un souvenir à la pauvre Baronne
Que la Montagne vit soupirer et gémir
Et retrouvant son maître, expirer de plaisir.
Mais quelle guerre éclate en ces cîmes hautaines?
Deux sultans encornés, parcourant leurs domaines
S'appellent au combat, tout cède à leur effort
Sur un roc escarpé s'engage un duel à mort.
De leurs mugissements les échos retentissent,
Le troupeau fuit au loin, les pâtres en frémissent.
Bientôt la lutte cesse et le vaincu mourant
Roule de roc en roc jusqu'au fond du torrent.
Le vainqueur, le front haut, célèbre sa victoire,
Et rejoint son harem, effrayé de sa gloire.
Mais le torrent de fer nous emporte d'un bond
A l'antique Fribourg, où gît le Sunderbund.
Je retrouve en ces lieux l'encens et les prières

Du bon Dieu de chez nous, du culte de mes pères.
Allons ouïr cet orgue élevant dans les cieux
Ses sublimes accents, ses accords merveilleux,
Concert monumental et groupe d'harmonie,
Qui révèle de l'art une note infinie.
Là, plongés dans l'extase, on croit ouïr la voix
Qui guidait les Hébreux et leur dictait des lois.
Aux éclats de la foudre une voix fraîche et pure
Semble mêler une hymne au roi de la nature.
Est-ce le chœur sacré des vierges d'Israël
Qui porte son encens au pied de l'éternel?
Ou bien est-ce le chant qu'à ses jeunes compagnes
Fait entendre au chalet la fille des montagnes?
Non, non, c'est un reflet du pouvoir créateur,
Les éléments soumis à l'art inspirateur.
Plus loin cherchons ces ponts qui rapprochent les
[cîmes
Rappelant le prophète et ses rêves sublimes.
Mais voici le réseau de ces mailles de fer
Que le Creusot forgea dans son docile enfer.
Des piliers de granit aux assises profondes
Peuvent braver le temps, et l'orage et les ondes.
Sur leur entablement le métal incrusté
Au front du monument monte avec majesté,
Etayant sans faiblir l'immense galerie
Qui, du wagon brûlant supporte la furie.
Il eut l'âme et le cœur garnis d'un triple airain
Celui qui, sur l'abîme, a frayé ce chemin.
Oui, Grandfey porte aussi le cachet du génie;
C'est l'œuvre de la France. Honneur à ma patrie!

FIN.

A la demande de quelques amis, l'auteur a joint à ces fragments une petite pièce de nature toute différente et prononcée par lui dans une réunion de Société de secours mutuels, le 11 septembre 1864.

AUX AMIS PRÉSENTS & ABSENTS.

Amis, quels sont ces chants? quelle est cette al-
[légresse?
Sommes-nous transportés aux fêtes de la Grèce,
Et Cérès ou Bacchus sont-ils nos immortels?
Nous honorons leurs fruits, mais non pas leurs
[autels.
Bref, nous n'avons ici ni le ciel de l'Attique,
Ni le soleil brûlant de la terre italique.
Mais sous ces frais bosquets, au pied de ces coteaux,
Nous recevons des cieux les plus riches cadeaux.
Voyez ces pampres verts que la grappe couronne
Et dont le jus ardent sur plus d'un front rayonne.
Voyez de nos moissons les grains toujours féconds,
Et ces vastes forêts aux ombrages profonds,
Voyez ces prés riants et ces ondes heureuses
Qui n'ont pas du torrent les écumes fumeuses,
Mais qui portent la vie et la fécondité
Sur un parcours paisible et justement vanté.
Voyez surtout fleurir sous nos lois peu sévères,
Tous ces groupes joyeux, formant peuple de frères.
Le matin nous a vus, au pied du saint autel,
Par un concert joyeux saluer l'Eternel.
Le Dieu des univers, fécond dans ses symboles
Par un pieux organe a transmis ses paroles.

La charité résume et l'espoir et la foi;
Nous aimant entre nous, accomplissons la loi,
Et suivant tous ici la morale divine,
Que par son feu sacré notre œuvre s'illumine !
Mais l'indulgence aussi s'appelle charité,
Et sous diverses lois, l'honneur, la probité,
Peuvent à nos banquets s'asseoir la tête haute;
Tout honnête homme a droit de devenir notre hôte.
L'intolérance aveugle est fille des faux dieux
Et pour l'humanité le soleil luit aux cieux.
Maintenant le plaisir vous appelle à son tour :
Amis, la coupe en main, célébrons ce beau jour.
Nos arrière-neveux viendront sous ces ombrages
Où la fraternité vit ses premières pages
S'entr'ouvrir en des temps de doute et d'examen,
Quand l'esprit inquiet cherchait un lendemain.
Nous sommes déjà loin d'une époque indécise,
Et la fraternité chez nous est bien assise.
Tout souvenir amer s'éteint de jour en jour,
Cherchons dans l'avenir l'espérance et l'amour.
Ces épreuves du ciel avaient leur raison d'être,
Et sur un sol broyé la semence pénètre.
La semence a germé ; vous voyez réunis
Des hommes que l'orage avait faits ennemis.
C'est que des vérités que le siècle révèle
Chacune vient à point quand la voix solennelle
Fait entendre aux mortels l'oracle aux mille échos
Dont l'esprit du Très-Haut a dicté tous les mots;
C'est que l'esprit humain dans sa lente carrière
S'ouvre comme un chaos qui passe à la lumière ;
C'est que le temps nous dit en ses doctes leçons,
Qu'il faut plus d'un soleil pour mûrir les moissons.

La moisson mûrira, nous en voyons l'aurore :
De toutes les splendeurs l'horizon se décore ;
Un modeste rayon chez nous prenant accès,
D'une œuvre d'avenir assure le succès.
L'œuvre aussi grandira ; la plus franche concorde
A déjà remplacé la lutte et la discorde.
Quand tout respire ici confiance et gaîté
Amis, buvons en chœur à la fraternité !

Chalon-sur-Saône, imprimerie MONTALAN.